BÔ YIN RÂ

FUNKEN
(Deutsche Mantra)

MANTRA-PRAXIS

KOBERSCHE VERLAGSBUCHHANDLUNG
BERN

BÔ YIN RÂ

*ist der geistliche Name von
Joseph Anton Schneiderfranken*

Unveränderter Nachdruck der Ausgabe 1967
«Funken/Mantra-Praxis»

5. Auflage von «Funken» (1. Aufl. 1922 Talisverlag Leipzig)
3. Auflage von «Mantra-Praxis» (1. Aufl. 1928)

© Kobersche Verlagsbuchhandlung AG Bern
1928, 1953, 1967, 1982

ISBN 3-85767-080-0

FUNKEN

I.

Um-mich-herum
Dring' in mich ein!
Ich:
Bin Dein Schrein!
Du:
Mein! —

✳

II.

Wall von Kristall
Allüberall!
Schließe Dich
Rings um mich
Schließe ein
Mich im Sein! —
Überwölbe mich!
Überforme mich!
Laß nichts herein
Als Licht allein!

❋

III.

Ich warte, —
    Ich! — —
Dunkles Tor!
    Ich! — — —
Spring' auf!!
    — — — Ich,
Dahinter . . .
    Ich,
Davor . . . .

❋

IV.

Zacken-Berg
Über mir...
Drachen-Tiefe
Unter mir...
Ich,
Auf dem «Weg»,
Bin selbst
Der Steg! — — —

✽

V.

Feuer
In mir ...
Feuer im All ...
Feuer
Im Feuer ...
Ich selbst, —
Ich!!
— — — — — — —
Feuer!

❊

VI.

Geist-Schweben,
    oben —
Geist-Weben,
    unten —
Geist-Leben,
    mitten. — — —
Allerinnerst,
    außen —
Allgebreitet,
    innen —
— — — Ich
    darinnen! —

❀

VII.

O — wo?! —
O — wann?! — —
: O — hier!!
: O — heute!!
— — — — — — —
Ich weiß jetzt:
Ich kann! — —

❋

VIII.

Ich bin!
Ich lebe!
Ich : drinnen, —
Ich : draußen, —
Ich : Einer, —
Ich : Alle! — — —
— — — — — — —
Ich — — bin! —

✻

IX.

I.   A.   O.

: Linie . . . .
: Zirkel . . . .
: Kreis! —
Ewige Wanderung des
Punktes!

— — — — — — —

I: spaltet!
A: breitet!
O: rundet!

Eines in Allem: (⊕ — —)

I. A. O.

✸

X.

Drei-bündig Band
Bindet Beides:
Eines in Allem:
    «Welt», —
Alles im Einen:
«Mensch»! —
Ich: «Mensch»
bin
Ich: «Welt». — — —

❀

XI.

Un-gründig:
 Urgrund, —
Ur-gründig:
 Eingrund, —
Ein-gründig:
 Allgrund, —
All-gründig:
 Ich — bin! — — —

✻

XII.

Nicht mehr, —
Noch nicht. — —
Was dazwischen
Ist,
Bin — — Ich!

✻

XIII.

Ich, verloren
Im Gefundenen,
Ich, gefunden
Im Verlorenen,
Liebe Beides
In Einem, — —
Erkenne:
Dieses bin Ich! — — —

❋

XIV.

«Verstehend» nicht,
  nicht «erkennend», —
Will ich,
Und fühle:
Mich selbst. — — —
Fühlend
  bin ich
Nicht-wissend,
Allwissender Weisheit
  Wissen:
«Tat twam asi»! — — — —

❊

XV.

Dieses ist den «Vätern»
 entschleiert!
Dieses und nichts anderes!
Dieses will ich erfahren!
Dieses und nichts anderes!

: Welches ist der «Name»
 Des Menschen,
 Der — ich — bin? — — —

❉

XVI.

Ewig,
Das Eine, —
 Ewig,
Das Andere! —
 Ewig,
Das aus Beiden
 Seiende! — — —
Keine «Einheit»,
Kein «Leben»,
Ohne diese Drei!
Fühlend
Erfasse ich

Solches in mir . . .
Zu mir
Mich wendend,
Rufe ich
Mich selbst,
Und rufe:
 «Ich»!! —
Nach außen
Rufe ich
Mich selbst,
und rufe:
 «AUM»! — — —

❃

XVII.

Alles ist Stufe! — —
Über mich selbst
　Schreite ich,
Und werde mir selber:
　Stufe!...
So finde ich:
　Meine Unendlichkeit,
Indem ich ewig
　Eine neue Stufe steige
Und ewig bin — ich selbst
　Die Stufe . . . .

❋

XVIII.

Loslösend
    Mich selbst
Von mir selber,
    Finde ich:
Mich selbst! — — —

Im Unsichtbaren
    ausatmend:
Mich selbst,
    Verliere ich:
Mich selbst
    Im Unsichtbaren ...

Einatmend:
　　Mich selbst
Fühle ich mich selbst:
　　Als Unsichtbares..
Einsaugend:
　　Dieses Unsichtbare
In mir selbst,
　　Dem Unsichtbaren,
Gewinne ich mich selbst
　　Als Unsichtbares
Im sichtbaren Leibe...
«Jîvâtmâ»! — Om!

❋

XIX.

Einstmals
Lebte ich viele Leben —
Des Todes . . .
Einstmals
Lebte ich, —
War tot . . .
Nun ich «gestorben»,
Will ich leben . . .
Ich bin es, —
Der «gestorben» ist! —
Ich bin es, —
Will leben! —

Ewiges Leben, rinne
Aus urtiefem Quell
In mir
In mich selbst! —
Rinne
Durch Mark und Blut!
Laß' Leben leuchten!
Leuchten am dunklen Ort!
Laß' wieder werden,
Was Ursprungs war:

Mich selbst,
Der ich bin!! — — —
«Aham brahma asmi»!
        Om!

❊

XX.

Wegweisender Wille!
Wolle in mir!
Wirke Werden!! —
O Über-Ich!
Über-zeuge mich!
Über-lichte mich!
Wirke Werden!
Werde — — Ich!! — — —

✻

XXI.

Brenne — Geist! — Brenne
Durch Haut und Gebein! —
Lichte — Geist! — Lichte
Den dunklen Schrein! —
Glühe — Geist! — Glühe,
Durchglühe, den «Stein»! — —

❋

XXII.

Drei ist Eines
In sich selber, —
Spendet:
Vier der «Lenker»
Zehn der «Gewalten»,
Zwölf der «Väter» . . .
Daraus sprießend:
Vielfältige Einheit, —
Die «Meister» . . .

Ich,
Der ich diese Worte lese,
Der ich sie höre,
Der ich sie kenne,
Der ich sie weiß,
Ich, — will «Schüler» sein
All dieser Zahl!
Ich — Einer
Vertraue,
Baue,
Mit Lot, Winkel, Kreis
Was ich nun weiß:
Mich selbst auf dem Grundriß:

« I. A. O. »

MANTRA-PRAXIS

Eines der bedeutsamsten Formungsmittel der Seele ist die Einwirkung bestimmter Lautfolgen der menschlichen Sprache.

Uralt ist das *Wissen* um solche Einwirkungsmöglichkeit und in den Liturgien wie den volkstümlicheren Gebetsweisen aller großen Religionssysteme der Menschheit ist seine Spur leicht nachweisbar.

Von erleuchteten, *geborenen* Priestern, die an der Wiege jeder fruchtbaren Religionsbildung des Altertums einst standen, als heiliges *Geheimnis* gehütet, wurde dieses Wissen in der westlichen Welt mehr und mehr vergessen, oder doch nur in seinen *Folgerungen* weitergegeben, während man seine *Begründung* nur noch in dunkler Ahnung allenfalls ertastet.

Anders ist es im Orient, wo heutigentages die Weisheit der Alten zwar auch größtenteils unter Trümmern vergraben liegt, allwo man aber noch sehr wohl gerade um die machtvolle Einwirkung *innerlich gesprochener Worte weiß*, und sie in guter, wie in verderblicher Absicht Tag für Tag benützt.

Ich betone hier ausdrücklich das *innerlich* gesprochene Wort, denn nur auf dieses *innere*, gleichsam *in sich hinein* Sprechen kommt es an, wobei man sich nicht durch die Meinung der Mantrakundigen des Orients irreführen lassen darf, die mit einem gewissen Schein von Berechtigung auch dem *durch das Ohr* vernehmbaren Laut großen Wert zuerkennen.

Es ist hier zwar nicht von einem „Aberglauben" zu reden, denn der *physisch vernehmbare* Laut ist wahrhaftig nicht ohne eingreifende Wirkung, aber man muß genauestens auseinanderhalten, ob man eine Einwirkung auf die *Seele* erzielen will, oder nur auf die fluidalen Zentren des *physischen* Organismus . . .

Der *Orientale* erstrebt zumeist Beides *zugleich* und ist auch durch eine von frühester Jugend an geübte Selbsterziehung, durch vererbte, seit Jahrhunderten gezüchtete Befähigung und eine Lebensweise die sein Vorhaben nicht stört, sondern erheblich fördert, sehr wohl imstande, beide Wirkungen nach seinem

Willen zu lenken, – der Mensch der *westlichen* Welt hingegen ist *nicht* in der gleich günstigen Lage und würde bei dem Versuch, den *physisch hörbaren* Laut gleichzeitig mit einwirken zu lassen, nur die Wirkung auf seine *Seele* in *Frage* stellen, unter Umständen aber auch schwere Schädigungen in dem feinstofflichen Teil seines physischen Körpers erleben.

Dem Abendländer ist nur eine verhältnismäßig sehr harmlose Miteinbeziehung des physisch hörbaren Lautes in seine Mantra-Praxis ohne Schaden möglich, wie sie zum Beispiel in der Rezitation von Litaneien und Chorgebeten, bis zu gewissem Grade auch in Kirchenliedern, allenthalben erfolgt.

Dort aber, wo man gar mit dem physisch hörbaren Laut *allein* experimentiert um vermeintlich dadurch zu höheren inneren Einsichten zu gelangen – mag es nun im Orient oder im Okzident geschehen – wird man ohne es zu ahnen nur zum wirksamsten Mithelfer aller dem Menschen *feindlichen* (oder quasi „*vergiftend*" auf ihn einwirkenden) Kräfte der *unsichtbaren physischen* Welt und die erträumten Erkenntnisse, so erhaben sie auch erscheinen mögen, sind nichts als selbsterzeugte, der Wirklichkeit ferne Phantasmagorien ...

Der Abendländer, der die Wirkung des nach *innen* gesprochenen Wortes der Formung und dem Selbsterleben seiner *Seele* dienstbar machen will, wird auf *alle* Fälle sicher gehen, wenn er es *völlig vermeidet*, das Sprechen nach *innen* mit gleichzeitig *physisch hörbarem* Laut zu begleiten, und ich rate ganz entschieden davon ab, solche *nach innen* gesprochenen Worte auch nur *leise murmelnd* zu betonen, ja auch nur die *Lippen* bei diesem Nach-Innen-Sprechen zu *bewegen!* –

Ein gutes Mantram ist ein nach *okkultgeistigen* Einsichten geformter Spruch, bei dessen Benützung es sich lediglich um die rein *geistige*, dem *physischen* Ohre völlig *unwahrnehmbare* Lautwirkung handelt. –

Das Sprechen nach Innen soll so erfolgen, daß es gleichsam zu einer „*Kommunion*", zu einem *geistigen Aufnehmen*, zu einem Genuß der Worte als *geistiger Speise* wird. – –

Niemals soll irgend eine *Anspannung*, niemals auch nur der geringste *Selbstzwang* dabei erfolgen!

Die kleine Folge deutscher Mantra, die ich unter dem Gesamttitel „*Funken*" der Öffentlichkeit gab, ist nicht etwa so zu verstehen, als wolle ich anraten, womöglich täglich *alle* einzelnen Spruchgebilde aufzunehmen.

Ebensowenig soll die gegebene Reihenfolge dazu bestimmen, eine *Reihenfolge der Aufnahme* vorzuschreiben.

Man wähle sich vielmehr jeweils *den* Spruch aus, der gerade am eindringlichsten empfunden wird, und spreche ihn ohne Deklamation, ohne Emphase, schlicht, einfach und für das *physische Ohr unhörbar*, täglich zu ruhiger Stunde in sich hinein, ohne besonders den gedanklichen Sinn zu analysieren, *ohne* über die „Bedeutung" nachzugrübeln.

Das soll nicht heißen, daß man die sich von *selbst* ergebende Bedeutung gewaltsam *verdrängen* müsse!

Man soll nur nicht nach der Bedeutung *suchen*, sondern die Worte als *geistige* Klangform in sich aufnehmen, wonach dann auch der gedanklich faßbare Sinn sich ohne Grübelei von Tag zu Tag mehr erschließen wird.

Sobald man jedoch auch nur leise *Ermüdung* fühlt muß das Einsprechen sofort *beendet* werden.

Ebenso ist das jeweilige Mantram zu *wechseln*, wenn die Empfindung bei der Einsprache leer ausgeht.

Nie darf bei dem inneren Einsprechen das geringste *Unbehagen* sich einstellen.

Die ganze Mantra-Praxis ist eine Betätigung, die nur in glücklicher *Freiheit* zu gedeihlichen Resultaten führt.

Alles Gewaltsame, alles Erzwungene ist hier vom Übel.

Völlig entspannt, und so als ob es sich um eine gewohnte Alltäglichkeit handeln würde, muß man in sein Inneres sprechen!

Man soll seine Empfindungen dabei hinnehmen wie sie kommen, aber man soll sein Empfindungsleben *nicht belauern:* – nicht unerhörte neue Empfindungen auf das In-sich-hineinsprechen hin *erwarten!*

Je ruhiger, vertrauender und gleichmütiger der ganze Vorgang aufgefaßt wird, desto gesegneter wird seine Wirkung sein.

Was in den zweiundzwanzig „Funken"- Sprüchen gegeben ist, soll auch nicht wie ein Aufgabenpensum innerhalb einer gewissen Zeit „erledigt" werden!

Die zweiundzwanzig Sprüche reichen vielmehr für das ganze Erdenleben hin, und wenn es auch hundertundzwanzig Jahre währen sollte ...

(Ihre *Wirkung* reicht sogar über das Erdenleben *weit* hinaus!)

Wer auch sämtliche Sprüche mehr als ein Dutzend mal in sich eingesprochen haben mag, der wird dennoch bemerken, daß er plötzlich zu gegebener Stunde dem einen oder dem anderen dieser Mantra wieder so gegenübersteht, als hätte er es noch niemals gehört, und es wird ihm, wenn er immer wieder die rechte Stunde erwartet, stets neue Kraft und neues Licht aus diesen zweiundzwanzig Brunnenröhren heiliger Weistumsquellen zufließen ...

Es kann geschehen, daß ein Mensch hier mit sechzig Jahren einst zu seelischem Erleben kommt von dem er vordem noch nichts wußte, obwohl er seit seinem zwanzigsten Jahre diese Mantra gut zu kennen vermeinte, und gar manches andere seelische Erlebnis ihnen im Laufe der Jahre verdankte. – –

Was die Sprüche an *erkenntnismäßigem* Inhalt umfassen, ist *nicht im Denken* zu erschürfen und wird dem, der sie geistig in sich einspricht, früher oder später auf *geistige* Weise zuteil, selbst wenn ihm die Wortbeziehungen an sich „Rätsel" aufgeben sollten ...

Auch durch die wenigen eingefügten Sanskritworte lasse man sich nicht beunruhigen!

Den meisten Suchenden dürften sie bekannt sein. Wer sie aber als fremd empfindet, der spreche sie dort wo sie sich finden, geistig in sich ein, und zu gegebener Zeit werden sie ihre Wirkung zeigen und damit die Berechtigung ihrer Einfügung erweisen.

„*Tat twam asi*" wird übersetzt:
>Das bist du!

„*Aum*" ist nicht nur gleichbedeutend mit der hebräischen Bestätigungsformel „Amen", sondern enthält, richtig ausgesprochen, wobei das „A" sich der Aussprache des „O" nähert und das „U" nur dumpf nachklingt, auch die Lautschwingungen die dem

>*Sein aus sich selbst*

entsprechen und wurde deshalb seit ältesten Zeiten in Indien als heiligstes Wort verehrt.

(„Om" ist eine andere Art, das gleiche Wort ohne Sanskritbuchstaben wiederzugeben. Ich habe sie dort verwendet, wo es darauf ankam den Charakter des Wortes als feierlichste *Bestätigung* darzutun.)

„*Jîvâtmâ*" ist:

das *individuelle* göttliche *Leben*, insonderheit auch *der göttliche Geistesfunke in der einzelnen Seele.*

„*Aham brahma asmi*" heißt dem Sinne nach:

Siehe ich selbst bin Ur-Sein!

Das alles aber braucht man zum Gebrauche der Mantra nicht zu wissen, und ich gebe diesen Hinweis nur um authentisch festzustellen, in welchem Sinne ich selbst diese Entlehnungen aus der indogermanischen Wurzelsprache an gewissen Stellen einfügte.

Es sind heute bereits sehr viele Menschen – auch solche, denen die Sprache der Sprüche *nicht* Muttersprache ist – mit diesen deutschen Mantra vertraut, haben ihre segensreiche Wirkung an sich selbst erfahren und erfahren sie täglich aufs neue.

Gelegentlich aber höre ich auch von Suchenden, die offenbar nicht recht wissen, ob sie das, was da unter dem Titel „*Funken*" gegeben ist, als expressionistische dichterische Ergüsse oder als

Rätsel zur Anregung ihrer Denktätigkeit betrachten sollen, und daneben gibt es andere, die wohl schon von den Wirkungen hörten, die durch gewisse Laut- und Wortfolgen auf die Seele ausgeübt werden können, aber nun befürchten – und vielleicht mit Recht – sie könnten durch unrichtigen Gebrauch der Mantra, deren wesentlichste Wirkung abschwächen.

Sollten sich auch Suchende finden, die etwa befürchten möchten, es könne jemals durch unrichtigen Gebrauch *dieser* Mantra seelische oder auch physische *Schädigung* entstehen, so sei ihnen gesagt, daß es sich hier um Laut- und Wortfolgen handelt, die mit aller Absicht so geformt sind, daß selbst ihre *mißbräuchliche* Benutzung zu lediglich *physisch hörbarer* Lauteinwirkung *keinerlei Schädigung* bringen könnte, wenn freilich in solchem Falle auch die seelisch segensreichen Wirkungen ausbleiben müßten.

Ich hätte niemals die Verantwortung

übernehmen können, diese Mantra der Öffentlichkeit zu übergeben, wäre auch nur die geringste Gefahr im Falle eines Mißbrauchs zu befürchten gewesen.

Mit diesen Darlegungen glaube ich wohl jede Frage beantwortet zu haben, die sich dem einen oder anderen Suchenden vielleicht aus der ersten Betrachtung der zweiundzwanzig Sprüche ergeben könnte, die er als „Deutsche Mantra" in Händen hält.

Die *Übersetzung* dieser Mantra in *andere Sprachen* erschien mir lange Zeit als unmöglich, bis ich mich überzeugen konnte, daß die Übertragung ins Italienische *gelungen* ist. Ich wage somit nicht mehr zu bezweifeln, daß diese „*Funken*" auch in *anderen* Sprachen *zünden* können, wenn sie in rechte Wortform übertragen werden.

Möge auch weiterhin Segen und seelisches Selbsterleben, innere Beglückung und Umfriedung allen denen in reichstem Maße zuströmen, die diese Spruchfolge in rechter Weise zu gebrauchen wissen!

ENDE

Die Kobersche Verlagsbuchhandlung ist die Verlegerin aller Bücher von Bô Yin Râ. Gesamtprospekt und Auskunft durch den Verlag.